Rainer M. Rilke

Augenblicke der Sehnsucht

Ausgewählt und herausgegeben von
Ludger Hohn-Morisch

HERDER

FREIBURG · BASEL · WIEN

www.herder.de
Gesamtherstellung: Hermann Bausch, Freiburg i. Br.
Satz: Layoutsatz Kendlinger
Herstellung: L.E.G.O. Olivotto S.p.A., Vicenza 2003
Gedruckt auf umweltfreundlichem,
chlorfrei gebleichtem Papier
ISBN 3-451-28052-3

Inhalt

Zum Geleit

Wenn es nur einmal so ganz stille wäre …
wenn das Zufällige und Ungefähre
verstummte und das nachbarliche Lachen
und das Geräusch, das meine Sinne machen,
mich nicht so sehr verhinderte am Wachen:
Dann könnte ich in einem tausendfachen
Gedanken bis an Deinen Rand Dich denken
und Dich besitzen (nur ein Lächeln lang),
um Dich an alles Leben zu verschenken,
wie einen Dank.

Rainer Maria Rilke, SW

1

„Stunden der Niederkunft einer neuen Klarheit“ …

Viareggio bei Pisa (Italien), am 23. April 1903

Sie haben mir, lieber und geehrter Herr, mit Ihrem österlichen Briefe viel Freude gemacht; denn er sagte viel Gutes von Ihnen, und die Art, wie Sie über Jacobsens große und liebe Kunst sprachen, zeigte mir, dass ich nicht geirrt habe, als ich Ihr Leben und seine vielen Fragen an diese Fülle führte.

Nun wird sich Ihnen „Niels Lyhne“ auftun, ein Buch der Herrlichkeiten und der Tiefen; je öfter man es liest: Es scheint alles darin zu sein von des Lebens allerleisestem Dufte bis zu dem vollen, großen Geschmack seiner schwersten Früchte. Da ist nichts, was nicht verstanden, erfasst, erfahren und in des Erinnerns zitterndem Nachklingen erkannt worden wäre; kein Erleben ist zu gering gewesen, und das kleinste Geschehen entfaltet sich wie ein Schicksal, und das Schicksal selbst ist wie ein wunderbares, weites Gewebe, darin jeder Faden von einer unendlich zärtlichen Hand geführt und neben einen anderen gelegt und von hundert anderen gehalten und getragen wird. Sie werden das große Glück erfahren, dieses Buch zum ersten Male zu lesen, und werden durch seine unzähligen Überraschungen gehen wie in einem neuen Traum. Aber ich kann Ihnen sagen, dass man auch später immer wieder als derselbe Staunende durch diese Bücher geht und dass sie nichts von der wunderbaren Macht verlieren und nichts von der Märchenhaftigkeit aufgeben, mit der sie den Lesenden das erste Mal überschütten.

Man wird nur immer genießender an ihnen, immer dankbarer und irgendwie besser und einfacher im Schauen, tiefer im Glauben an das Leben und im Leben seliger und größer […]

Mit Ihrer Meinung über „Hier sollten Rosen stehen …" (dieses Werk von so unvergleichlicher Feinheit und Form) haben Sie natürlich gegen den, der die Einleitung geschrieben hat, ganz, ganz unantastbar Recht. Und es sei hier gleich die Bitte gesagt: Lesen Sie möglichst wenig ästhetisch-kritische Dinge, – es sind entweder Parteiansichten, versteinert und sinnlos geworden in ihrem leblosen Verhärtetsein, oder es sind geschickte Wortspiele, bei denen heute diese Ansicht gewinnt und morgen die entgegengesetzte. Kunst-Werke sind von einer unendlichen Einsamkeit und mit nichts so wenig erreichbar als mit Kritik. Nur Liebe kann sie erfassen und halten und kann gerecht sein gegen sie. – Geben Sie jedes Mal sich und Ihrem Gefühl Recht jeder solchen Auseinandersetzung, Besprechung oder Einführung gegenüber; sollten Sie doch Unrecht haben, so wird das natürliche Wachstum Ihres inneren Lebens Sie langsam und mit der Zeit zu anderen Erkenntnissen führen. Lassen Sie Ihren Urteilen die eigene stille, ungestörte Entwicklung, die, wie jeder Fortschritt, tief aus innen kommen muss und durch nichts gedrängt oder beschleunigt werden kann. Alles ist austragen und dann gebären. Jeden Eindruck und jeden Keim eines Gefühls ganz in sich, im Dunkel, im

Unsagbaren, Unbewussten, dem eigenen Verstande Unerreichbaren sich vollenden lassen und mit tiefer Demut und Geduld die Stunde der Niederkunft einer neuen Klarheit abwarten: Das allein heißt künstlerisch leben – im Verstehen wie im Schaffen.

Da gibt es kein Messen mit der Zeit, da gilt kein Jahr, und zehn Jahre sind nichts. Künstler sein heißt: nicht rechnen und zählen; reifen wie der Baum, der seine Säfte nicht drängt und getrost in den Stürmen des Frühlings steht ohne die Angst, dass dahinter kein Sommer kommen könnte. Er kommt doch. Aber er kommt nur zu den Geduldigen, die da sind, als ob die Ewigkeit vor ihnen läge, so sorglos still und weit. Ich lerne es täglich, lerne es unter Schmerzen, denen ich dankbar bin: *Geduld* ist alles!

DICHTER

Das Rosen-Innere

Wo ist zu diesem Innen
ein Außen? Auf welches Weh
legt man solches Linnen?
Welche Himmel spiegeln sich drinnen
in dem Binnensee
dieser offenen Rosen, dieser sorglosen, sieh:

wie sie lose im Losen
liegen, als könnte nie
eine zitternde Hand sie verschütten.
Sie können sich selber kaum
halten; viele ließen
sich überfüllen und fließen
über von Innenraum
in die Tage, die immer
voller und voller sich schließen,
bis der ganze Sommer ein Zimmer
wird, ein Zimmer in einem Traum.

NEUE GEDICHTE

Der Schwan

Diese Mühsal, durch noch Ungetanes
schwer und wie gebunden hinzugehn,
gleicht dem ungeschaffnen Gang des Schwanes.

Und das Sterben, dieses Nichtmehrfassen
jenes Grunds, auf dem wir täglich stehn,
seinem ängstlichen Sich-Niederlassen –:

in die Wasser, die ihn sanft empfangen
und die sich, wie glücklich und vergangen,
unter ihm zurückziehn, Flut um Flut;
während er unendlich still und sicher
immer mündiger und königlicher
und gelassener zu ziehn geruht.

NEUE GEDICHTE

Habe ich es schon gesagt? Ich lerne sehen. Ja, ich fange an. Es geht noch schlecht. Aber ich will meine Zeit ausnutzen.

Dass es mir zum Beispiel niemals zum Bewusstsein gekommen ist, wie viel Gesichter es gibt. Es gibt eine Menge Menschen, aber noch viel mehr Gesichter, denn jeder hat mehrere. Da sind Leute, die tragen ein Gesicht jahrelang, natürlich nutzt es sich ab, es wird schmutzig, es bricht in den Falten, es weitet sich aus wie Handschuhe, die man auf der Reise getragen hat. Das sind sparsame, einfache Leute; sie wechseln es nicht, sie lassen es nicht einmal reinigen. Es sei gut genug, behaupten sie, und wer kann ihnen das Gegenteil nachweisen? Nun fragt es sich freilich, da sie mehrere Gesichter haben, was tun sie mit den andern? Sie haben sie auf. Ihre Kinder sollen sie tragen. Aber es kommt auch vor, dass ihre Hunde damit ausgehen. Weshalb auch nicht? Gesicht ist Gesicht.

Andere Leute setzen unheimlich schnell ihre

Gesichter auf, eins nach dem andern, und tragen sie ab. Es scheint ihnen zuerst, sie hätten es für immer; aber sie sind kaum vierzig,, da ist schon das letzte. Das hat natürlich seine Tragik Sie sind nicht gewohnt, Gesichter zu schonen, ihr letztes ist in acht Tagen durch, hat Löcher, ist an vielen Stellen dünn wie Papier, und da kommt dann nach und nach die Unterlage heraus, das Nichtgesicht, und sie gehen damit herum.

Aber die Frau, die Frau: Sie war ganz in sich hineingefallen, vornüber in ihre Hände. Es war an der Ecke Rue-Notre-Dame-des-Champs. Ich fing an, leise zu gehen, sowie ich sie gesehen hatte. Wenn arme Leute nachdenken, soll man sie nicht stören. Vielleicht fällt es ihnen doch ein.

Die Straße war zu leer, ihre Leere langweilte mich und zog mir den Schritt unter den Füßen weg und klappte mit ihm herum, drüben und da, wie mit einem Holzschuh.

Die Frau erschrak und hob sich aus sich ab, zu schnell, zu heftig, so dass das Gesicht in den zwei

Händen blieb. Ich konnte es darin liegen sehen, seine hohle Form. Es kostete mich unbeschreibliche Anstrengung, bei diesen Händen zu bleiben und nicht zu schauen, was sich aus ihnen abgerissen hatte. Mir graute, ein Gesicht von innen zu sehen, aber ich fürchtete mich doch noch viel mehr vor dem bloßen wunden Kopf ohne Gesicht.

MALTE

Es muss dies eine von jenen Tagesfrühen gewesen sein, wie es solche im Juli gibt: neue, ausgeruhte Stunden, in denen überall etwas Frohes, Unüberlegtes geschieht. Aus Millionen kleinen ununterdrückbaren Bewegungen setzt sich ein Mosaik überzeugtesten Daseins zusammen; die Dinge schwingen ineinander hinüber und hinaus in die Luft, und ihre Kühle macht den Schatten klar und die Sonne zu einem leichten, geistigen Schein.

Da gibt es im Garten keine Hauptsache; alles ist überall, und man müsste in allem sein, um nichts zu versäumen.

MALTE

Der gewöhnliche Mensch, der mit den Menschen lebt und die Natur nur so weit sieht, als sie sich auf ihn bezieht, wird dieses rätselhaften und unheimlichen Verhältnisses selten gewahr. Er sieht die Oberfläche der Dinge, die er und seinesgleichen seit Jahrhunderten geschaffen haben, und glaubt gerne, die ganze Erde nehme an ihm teil, weil man ein Feld bebauen, einen Wald lichten und einen Fluss schiffbar machen kann.

Sein Auge, welches fast nur auf Menschen eingestellt ist, sieht die Natur nebenbei mit, als ein Selbstverständliches und Vorhandenes, das soviel als möglich ausgenutzt werden muss. Anders schon sehen Kinder die Natur; einsame Kinder besonders, welche unter Erwachsenen aufwachsen, schließen sich ihr mit einer Art von Gleichgesinntheit an und leben in ihr, ähnlich den kleinen Tieren, ganz hingegeben an die Ereignisse des Waldes und des Himmels und in einem unschuldigen, scheinbaren Einklang mit ihnen.

WORPSWEDE

Der Panther

IM JARDIN DES PLANTES, PARIS

Sein Blick ist vom Vorübergehn der Stäbe
so müd’ geworden, dass er nichts mehr hält.
Ihm ist, als ob es tausend Stäbe gäbe
und hinter tausend Stäben keine Welt.

Der weiche Gang geschmeidig starker Schritte,
der sich im allerkleinsten Kreise dreht,
ist wie ein Tanz von Kraft um eine Mitte,
in der betäubt ein großer Wille steht.

Nur manchmal schiebt der Vorhang der Pupille
sich lautlos auf –. Dann geht ein Bild hinein,
geht durch der Glieder angespannte Stille –
und hört im Herzen auf zu sein.

NEUE GEDICHTE

Unsere Gefühle verstummen in scheuer Befangenheit, alles in uns tritt zurück, es entsteht eine Stille, und das Neue, das niemand kennt, steht mitten darin und schweigt.

Ich glaube, dass fast alle unsere Traurigkeiten Momente der Spannung sind, die wir als Lähmung empfinden, weil wir unsere befremdeten Gefühle nicht mehr leben hören. Weil wir mit dem Fremden, das bei uns eingetreten ist, allein sind; weil uns alles Vertraute und Gewohnte für einen Augenblick fortgenommen ist; weil wir mitten in einem Übergang stehen, wo wir nicht stehen bleiben können. Darum geht die Traurigkeit auch vorüber:

Das Neue in uns, das Hinzugekommene, ist in unser Herz eingetreten, ist in seine innerste Kammer gegangen und ist auch dort nicht mehr – ist schon im Blut. Und wir erfahren nicht, was es war. Man könnte uns leicht glauben machen, es sei nichts geschehen, und doch haben wir uns verwandelt, wie ein Haus sich verwandelt, in welches ein Gast eingetreten ist. Wir können nicht sagen, wer gekommen ist, wir werden es vielleicht nie wissen, aber es sprechen viele Anzeichen dafür, dass die Zukunft in solcher Weise in uns eintritt, um sich in uns zu verwandeln, lange bevor sie geschieht. Und darum ist es so wichtig, einsam und aufmerksam zu sein, wenn man traurig ist: weil der scheinbar ereignislose und starre Augenblick, da unsere Zukunft uns betritt, dem Leben so viel näher steht als jener andere laute und zufällige Zeitpunkt, da sie uns, wie von außen her, geschieht.

Je stiller, geduldiger und offener wir als Traurige sind, umso tiefer und umso unbeirrter geht das Neue in uns ein, umso besser erwerben wir es, umso mehr wird es unser Schicksal sein, und wir werden uns ihm, wenn es eines späteren Tages „geschieht“ (das heißt: aus uns heraus zu den anderen tritt), im Innersten verwandt und nahe fühlen.

BRIEFE, 1904

Verkündigung an die Hirten

Seht auf, ihr Männer, Männer dort am Feuer,
die ihr den grenzenlosen Himmel kennt,
Sterndeuter, hierher! Seht, ich bin ein neuer
steigender Stern. Mein ganzes Wesen brennt
und strahlt so stark und ist so ungeheuer
voll Licht, dass mir das tiefe Firmament
nicht mehr genügt. Lasst meinen Glanz hinein
in euer Dasein: Oh, die dunklen Blicke,
die dunklen Herzen, nächtige Geschicke,
die euch erfüllen. Hirten, wie allein
bin ich in euch. Auf einmal wird mir Raum.
Stauntet ihr nicht: Der große Brotfruchtbaum
warf einen Schatten. Ja, das kam von mir.
Ihr Unerschrockenen, o wüsstet ihr,
wie jetzt auf eurem schauenden Gesichte
die Zukunft scheint. In diesem starken Lichte
wird viel geschehen. Euch vertrau ich's, denn
ihr seid verschwiegen; euch Gradgläubigen
redet hier alles. Glut und Regen spricht,

der Vögel Zug, der Wind und was ihr seid,
keins überwiegt und wächst zur Eitelkeit
sich mästend an. Ihr haltet nicht
die Dinge auf im Zwischenraum der Brust,
um sie zu quälen. So wie seine Lust
durch einen Engel strömt, so treibt durch euch
das Irdische. Und wenn ein Dorngesträuch
aufflammte plötzlich, dürfte noch aus ihm
der Ewige euch rufen, Cherubim,
wenn sie geruhten neben eurer Herde
einher zu schreiten, wunderten euch nicht:
Ihr stürztet euch auf euer Angesicht,
betetet an und nenntet dies die Erde.

Doch dieses war. Nun soll ein Neues sein,
von dem der Erdkreis ringender sich weitet.
Was ist ein Dörnicht uns: Gott fühlt sich ein
in einer Jungfrau Schoß. Ich bin der Schein
von ihrer Innigkeit, der euch geleitet.

SW

Abschied

Wie hab ich das gefühlt, was Abschied heißt.
Wie weiß ich's noch: ein dunkles unverwundnes
grausames Etwas, das ein Schönverbundnes
noch einmal zeigt und hinhält und zerreißt.

Wie war ich ohne Wehr, dem zuzuschauen,
das, da es mich, mich rufend, gehen ließ,
zurückblieb, so als wärens alle Frauen
und dennoch klein und weiß und nichts als dies:

Ein Winken, schon nicht mehr auf mich
bezogen,
ein leise Weiterwinkendes –, schon kaum
erklärbar mehr: vielleicht ein Pflaumenbaum,
von dem ein Kuckuck hastig abgeflogen.

Neue Gedichte

Strophen

Einsam tret’ ich auf den Weg, den leeren,
Der durch Nebel leise schimmernd bricht;
Seh’ die Leere still mit Gott verkehren
Und wie jeder Stern mit Sternbegleiter

Wegbegleiter sein
standhaft
richtungsweisend
freiheitsfördernd

Wegbegleiter sein
Nähe auf einem gewissen Wegstück
Distanz im Gehenlassen

Wegbegleiter sein
je höher der Aufstieg
umso mehr braucht es
Unterstützung

Wegbegleiter sein
je tiefer der Abstieg
umso lebensnotwendiger
das Gehaltensein

FERMENT, 44

Feierliches Wunder: hingeruhte
Erde in der Himmel Herrlichkeit …
Ach, warum ist mir so schwer zumute?
Was erwart ich denn? Was tut mir leid?

Nichts hab ich vom Leben zu verlangen
Und Vergangenes bereu ich nicht:
Freiheit soll und Friede mich umfangen
Im Vergessen, das der Schlaf verspricht.

Aber nicht der kalte Schlaf im Grabe.
Schlafen möchte' ich so jahrhundertlang,
Dass ich alle Kräfte in mir habe
Und in ruhiger Brust des Atems Gang.

SW

2

„Wie soll ich meine Seele halten, dass sie nicht an deine rührt“ …

Liebes-Lied

Wie soll ich meine Seele halten, dass
sie nicht an deine rührt? Wie soll ich sie
hinheben über dich zu andern Dingen?
Ach gerne möcht ich sie bei irgendwas
Verlorenem im Dunkel unterbringen
an einer fremden stillen Stelle, die
nicht weiterschwingt, wenn deine Tiefen
schwingen.
Doch alles, was uns anrührt, dich und mich,
nimmt uns zusammen wie ein Bogenstrich,
der aus zwei Saiten eine Stimme zieht.
Auf welches Instrument sind wir gespannt?
Und welcher Geiger hat uns in der Hand?
O süßes Lied.

SW

An *die Mutter*
Zu ihrem Geburtstage am 4 . Mai 1890

Hoch!
dem Geburtsfeste.
Wünsche, die im Herzensgrunde
längst getagt im Sonnenschein,
tönen nun aus meinem Munde,
teures Herz, Dich zu erfreu'n.
Des Vertumnus reiche Gaben
aus Fortunas goldnem Horn
sollen Dich in Segen laben
als ein unerschöpflich Born.
Freude winke Dir entgegen,
Freude kehr Dir stets zurück,
wo Du gehst auf allen Wegen
blühe Dir das reinste Glück.

Lange noch in Glück und Frieden
fliehe Dir die schnelle Zeit,
sei das Höchste Dir beschieden:

„Himmlische Zufriedenheit".
Freude mög' Dich stets begleiten,
Liebe soll dein Führer sein,
Treue Dir den Weg bereiten,
überall Dich zu erfreu'n! –
Höre meiner Wünsche Worte,
höre sie geduldig an;
denn sie haben Dir die Pforte
Deines Glückes aufgetan.
Einfach zwar die Worte klingen,
schmucklos ohne Zier und Glanz,
doch weil sie dem Herz entspringen,
ist gar blumenreich ihr Kranz.
Nun will ich nicht weiter keuchen,
sonst hörst Du mich gar nicht an:
„'s ist ein Lied, das Stein' erweichen,
Menschen rasend machen kann."
Doch ich wünsch Dir ja das Beste,
höre nur mein Flehen an;
zu dem hohen Wiegenfeste
was nur geht hab ich getan!

Nun, ein Leben soll's heut werden
wie in des Olympos Höhn,
wie bisher auf unsrer Erden
noch kein Sterblicher geseh'n.
Doch etwas muss ich Dir noch sagen,
eh ich die Zeilen Dir übergieb,
Du brauchst nicht weiter zu erfragen:
Kannst's glauben, hab Dich riesig lieb.
Hoch! *Hoch!* Hoch!

SW

Auch im Mann ist Mutterschaft, scheint mir, leibliche und geistige; sein Zeugen ist auch eine Art Gebären, und Gebären ist es, wenn er schafft aus innerster Fülle. Und vielleicht sind die Geschlechter verwandter, als man meint, und die große Erneuerung der Welt wird vielleicht darin bestehen, dass Mann und Mädchen sich, befreit von allen Irrgefühlen und Unlüsten, nicht als Gegensätze suchen werden, sondern als Geschwister und Nachbarn und sich zusammentun werden als Menschen, um einfach, ernst und geduldig das schwere Geschlecht, das ihnen auferlegt ist, gemeinsam zu tragen.

BRIEFE, 1904

Die Liebende

Ja, ich sehne mich nach dir.
Ich gleite, mich verlierend,
selbst mir aus der Hand,
ohne Hoffnung, da ich das bestreite,
was zu mir kommt wie aus deiner Seite
ernst und unbeirrt und unverwandt.
Jene Zeiten – o, wie war ich Eines,
nichts, was rief,
und nichts, was mich verriet!
Meine Stille war wie eines Steines,
über den der Bach sein Murmeln zieht.
Aber jetzt in diesen Frühlingswochen
hat mich etwas langsam abgebrochen
von dem unbewussten dunkeln Jahr.
Etwas hat mein armes warmes Leben
irgendeinem in die Hand gegeben,
der nicht weiß,
was ich noch gestern war.

SW

Es handelt sich in der Ehe für mein Gefühl nicht darum, durch Niederreißung und Unterstützung aller Grenzen eine rasche Gemeinsamkeit zu schaffen, vielmehr ist die gute Ehe die, in welcher jeder den anderen zum Wächter seiner Einsamkeit bestellt und ihm dieses größte Vertrauen beweist, das er zu verleihen hat. Ein Miteinander zweier Menschen ist eine Unmöglichkeit und, wo es doch vorhanden scheint, eine Beschränkung, eine gegenseitige Übereinkunft, welche einen Teil oder beide Teile ihrer vollsten Freiheit und Entwicklung beraubt. Aber, das Bewusstsein vorausgesetzt, dass auch zwischen den *nächsten* Menschen unendliche Fernen bestehen bleiben, kann ihnen ein wundervolles Nebeneinanderwohnen erwachsen, wenn es ihnen gelingt, die Weite zwischen sich zu lieben, die ihnen die Möglichkeit gibt, einander immer in ganzer Gestalt und vor einem großen Himmel zu sehen!

Briefe, 1901

Ich liebe diese Stunde, die anders ist, kommt und geht. Nein, nicht die Stunde, diesen Augenblick liebe ich, der so still ist. Diesen Anfangs-Augenblick, diese Initiale der Stille, diesen ersten Stern, diesen Anfang. Dieses Etwas in mir, das aufsteht, wie junge Mädchen aufsteh'n in ihrer weißen Mansarde. In der weißen Mansarde, in der sie wohnen, seit sie erwachsen sind …

Nun aber ist die weiße Mansarde das Leben und wenn man am Morgen an das immer offene Fenster tritt, so sieht man die Welt. Große Bäume sieht man, die immer noch wachsen, Vögel sieht man und große Zweige schwanken von ihrem Abflug und es ist, als wäre der Wind in einem Tier und in den Stämmen die Stille.

Ich liebe diesen Wind, diesen weiten verwandelnden Wind, der dem Frühling vorangeht, ich liebe das Geräusch dieses Windes und seine ferne Gebärde, die mitten durch alle Dinge geht, als wären sie nicht.

Diese Nacht, sie liebe ich. Nein, nicht diese

Nacht, diesen Nachtanfang, diese eine lange Anfangszeile der Nacht, die ich nicht lesen werde, weil sie kein Buch für Anfänger ist. Diesen Augenblick liebe ich, der nun vorüber ist und von dem ich, da er verging, fühlte, dass er erst sein wird.

FRAGMENT

Was soll aus mir werden, was willst du, dass ich tun soll? Wie bin ich weit von allem, worauf ich seinerzeit vorbereitet war. Ich hatte mir vorgestellt, du würdest mir von allen Orten schreiben, durch die du kämst, und dass deine Briefe recht lang sein würden; du würdest meine Leidenschaft unterstützen durch die Hoffnung, dich wiederzusehen; ein vollkommenes Vertrauen in deine Treue würde mir eine Art von Gelassenheit verschaffen, so dass mein Zustand mindestens erträglich sich gestalte ohne übertriebene Schmerzen: Ich ging sogar so weit, flüchtig zu erwägen, wie ich meine Kräfte verwenden könnte, um meine Leiden loszuwerden, falls mir eines Tages die Gewissheit entstünde, dass du mich ganz vergessen hast. Deine Abwesenheit, einzelne Augenblicke frommen Ergriffenseins, die Furcht, was mir von meiner Gesundheit bleibt, in Nachtwachen und Sorgen zugrunde zu richten, die geringe Aussicht auf deine Rückkehr, die Kälte deines Benehmens und deines Abschieds, dein Fortgeh'n, für das so ungenügende Vorwände herhalten mussten, – dies alles und tausend andere nur zu gute und überflüssige Gründe schienen mir dazu einen gewissen Beistand zu versprechen, falls ich dessen bedürfte. Am Ende hatte ich nur gegen mich selbst zu kämpfen; aber ich hatte keinen Begriff, wie schwach ich sei, und ahnte nicht alles das, was ich jetzt leide.

Ach, ich bin namenlos beklagenswert, weil ich meine Leiden nicht mit dir teilen kann und ganz allein sein muss in meinem Unglück. Dieser Gedanke tötet mich. Ich sterbe vor Entsetzen, wenn ich mir sage, dass dein Gefühl in allen unseren Freuden nie sehr bei der Sache war. Ja, ich kenne jetzt die Verlogenheit deines ganzen Vorgeh'ns: Du hast mich betrogen, so oft du mir versichertest, es mache dich selig, mit mir allein zu sein. Einzig meinem eigenen Ungestüm, mit dem ich mich dir aufdrängte, verdank ich dein Interesse und deine Leidenschaftlichkeit. Kaltblütig hast du den Plan gefasst, mich zu entflammen. Du hast mein Gefühl nur wie einen errungenen Sieg angesehen, dein Herz ist nie wirklich an alledem beteiligt gewesen ... Macht es dich denn nicht unglücklich und musst du nicht sehr wenig Zartgefühl besitzen, um aus meiner Hingabe keinen andern Gewinn zu ziehen? Und wie ist es möglich, dass ich, bei so viel Liebe, nicht imstande war, dich ganz glücklich zu machen?

Ich weine (deinetwegen, einzig deinetwegen) um die grenzenlosen Freuden, die dir verloren gegangen sind: Es muss schon so sein, dass du sie nicht hast genießen *wollen*. Kenntest du sie, du würdest ohne Zweifel zugeben, dass sie empfindlicher sind als die Freude, mich verführt zu haben, und du hättest Gelegenheit gehabt zu erfahren, dass man bedeutend glücklicher ist und etwas Rührenderes fühlt, wenn man selbst heftig liebt, als wenn man sich lieben lässt.

Ich weiß nicht mehr, was ich bin, noch was ich will: Ich bin zerrissen von tausend sich widersprechenden Qualen. Kann man sich einen solchen Jammer denken? Ich liebe dich namenlos, und ich habe zu viel Rücksicht für dich, als dass ich dir ernstlich zu wünschen wagte, du möchtest von demselben Wahnsinn geschüttelt sein …

Ich würde mich töten, oder ich hätte es nicht mal nötig mich zu töten, ich stürbe vor Schmerz, wenn ich gewiss wüsste, dass du nie zur Ruhe kommst, dass dein Leben lauter Aufregung und Wirrnis ist, dass du nicht aufhörst zu weinen und alles dir widerwärtig sei. Ich bestreite kaum meine eigenen Leiden; wie sollte ich's leisten, auch noch den Kummer zu tragen, den die deinigen mir verursachen würden, die mir tausendmal empfindlicher wären? Und doch kann ich mich auch nicht entschließen zu wünschen, dass du nicht mehr an mich denken solltest; offen gestanden, ich bin rasend eifersüchtig auf alles, was dir Freude macht, was dir, dort in Frankreich, nach deinem Sinn und nach deinem Herzen ist.

Ich weiß nicht, warum ich dir schreibe. Du wirst höchstens Mitleid haben mit mir, das seh' ich wohl, und ich will dein Mitleid nicht ... Es bringt mich auf gegen mich selbst, wenn ich überlege, was ich dir alles geopfert habe: Ich habe meinen guten Ruf verloren, ich habe mich dem Wüten meiner Familie ausgesetzt, der Strenge der hiesigen Gesetze gegen die Nonnen und am Ende deinem Undank, der mir von allem meinem Unglück das größte scheint.

Trotzdem fühle ich deutlich, dass meine Gewissensbisse nicht ganz echt sind, dass ich aus Liebe zu dir von ganzem Herzen mit noch größeren Gefahren es hätte aufnehmen mögen, und es bereitet mir eine unselige Freude, dass ich mein Leben und meine Ehre aufs Spiel gesetzt habe. Musste ich dir nicht alles Kostbarste, was ich besaß, zur Verfügung stellen? Und sollte ich nicht im Grunde ganz zufrieden sein, es so, wie ich tat, verwendet zu haben? Mir kommt immer vor, als wäre ich nicht so recht zufrieden, weder mit meinen Leiden noch mit dem Übermaß meiner Liebe, obwohl ich doch, leider Gottes, keinen

Anlass habe, mit dir zufrieden zu sein. Ich lebe, ich Treulose, und ich tue genauso viel, mein Leben zu erhalten, wie es zu zerstören. Ich sterbe vor Beschämung.

So ist also meine Verzweiflung nur in meinen Briefen. Wenn ich dich so liebte, wie ich es dir tausendmal versichert habe: Müsste ich nicht längst tot sein? Ich habe dich betrogen. Es ist an dir, dich zu beklagen. Ach, warum beklagst du dich nicht? Ich habe dich fortgeh'n sehen, mir bleibt keine Hoffnung, dass du je wiederkommst, und ich atme noch. Ich habe dich betrogen, ich bitte dich um Verzeihung. Du aber gib nicht nach! Behandle mich mit Härte, finde, dass meine Gefühle nicht Gewalt genug haben! Sei immer schwerer zufrieden zu stellen. Lass mich sagen, du willst, dass ich sterbe vor Liebe zu dir! Ich flehe dich an, mir auf diese Weise beizustehen, dass ich die Schwäche meines Geschlechts überwinde und alle meine Unentschlossenheiten in einer wahrhaftigen Verzweiflung zu Ende bringe.

Ein tragisches Ende würde dich zweifellos nötigen, oft an mich zu denken, mein Andenken würde dir teuer sein, das Außerordentliche eines solchen Todes würde dir möglicherweise nahegeh'n. Und wäre er nicht in Wirklichkeit besser als der Zustand, auf den du mich heruntergebracht hast?

Adieu, ich wollte, ich hätte dich nie geseh'n. Ah, das ist wieder ein verlogenes Gefühl, ich weiß ganz genau, während ich dies hier schreibe, dass ich es vorziehe, in der Liebe zu dir elend zu sein, als dich nie gesehen zu haben.

Ich murre also nicht und bin mit meinem bösen Los einverstanden, da du es nicht besser hast gestalten wollen. Adieu, versprich mir, mich zärtlich zu betrauern, wenn ich Kummers sterbe, und dass wenigstens die Inständigkeit meiner Liebe dir Lust und Neigung zu allen anderen Dingen benehme. Das soll mir Trost genug sein; wenn ich dich schon aufgeben muss für immer, so will ich dich doch zum mindesten keiner andern lassen.

Am Ende wärst du grausam genug, dich meiner Verzweiflung zu bedienen, um vor anderen noch liebenswürdiger zu erscheinen und um zu zeigen, dass du die größte Liebe von der Welt hast einflößen können? Adieu, noch einmal. Diese Briefe sind zu lang, die ich dir schreibe, ich nehme nicht genügend Rücksicht auf dich, verzeih mir, ich hoffe, du wirst etwas Nachsicht aufbringen für ein armes, unzurechnungsfähiges Geschöpf, das, wie du weißt, nicht so war, bevor es dich liebte. Adieu, ich glaube, ich rede zu oft von dem unerträglichen Zustand, in dem ich jetzt bin: Aber ich danke dir im Grunde meines Herzens für die Verzweiflung, die du über mich bringst, und ich habe nichts als Abscheu für die Ruhe, in der ich gelebt habe, ehe ich dich kannte. Adieu, es vergeht kein Augenblick, ohne dass meine Liebe zunimmt. Wie viel Dinge hab ich dir noch zu sagen ...

PORT. BRIEFE

(ÜBERS. V. R. M. RILKE)

Es fehlt uns nicht an Nachrichten und Gerüchten vom Leben der Gefühle. Aber wir sehen sie doch nur in den kurzen Augenblicken, da sie aus dem Strome des Schicksals emporschnellen oder – mit etwas mehr Gelassenheit – wenn sie tot, auf der Seite liegend, an seiner Oberfläche vorbeitreiben.

Ist es nicht vielleicht dieses gewesen, was den portugiesischen Briefen zu allen Zeiten ihr Ansehen verschaffte: dass in ihnen ein großes Gefühl, wie durch ein Wunder, außerhalb des Schicksals vor sich geht, sichtbar, weithin sichtbar, unvergesslich?

Wann hat man je die Möglichkeit gehabt, Liebe so anwachsen zu sehen? Wo war ein Gefühl von solcher Stärke und Inständigkeit, das nicht gleich wieder untertauchte, sich verwandelte oder, in Verkleidungen wiederkommend, uns verwirrte? Die Kunst der berühmten Geliebten bestand ja gerade darin, ihr Gefühl unter Wasser zu halten; in ihren Bildnissen ist uns dann und wann das seltsam massive Lächeln überliefert, mit dem sie ihre aufsteigenden Gefühle beschwerten, so dass sie bis auf den Grund des Schicksals zurücksanken.

Wie anders mag jenes Lächeln der Marianna Alcoforado gewesen sein? Wir haben keine Erinnerung daran und es verlangt uns kaum, ihr Angesicht zu sehen. So sehr scheint uns ihre Gebärde das Bleibende zu sein, die unaufhörlich sich steigernde Gebärde, mit der sie ihre schwere Liebe aufhob und hielt, weit über sich hinaus. Wir kannten diese Gebärde nicht vorher, aber die Stimme vernahmen wir nicht zum ersten Mal. Sie glich jener, die bei Einbruch der Frühlingsnacht manchmal aufsteh'n kann, ausbrechend in alles das, was sich nicht länger verbergen lässt.

Wie mit dem Ausholen der Nachtigall nicht nur ein Schreien heraufkommt, sondern auch ein Schweigen, in dem die unfassliche Nacht enthalten ist, so ist in den Worten dieser Nonne das ganze Gefühl, sein Sagbares und was unsäglich ist in ihm. Und schicksalslos wie die Stimme des Vogels ist auch die ihre.

Ihr Leben ist so einseitig und von so linkischer Schlichtheit, dass selbst aus dem Verhängnisvollen ihrer Liebe kein Schicksal wird. Sie vermisst es, sie sehnt es herbei, alles das Aufgetürmte, Erregende, Vernichtende das Schicksal heißt, solange sie noch hofft, eine große Geliebte zu werden. Aber über alledem wird sie immer mehr die große Liebende, die wir bewundern.

Denn was lässt sich gegen die Bewunderung tun, die sich unser jedes Mal beim Lesen dieser Briefe bemächtigt? Dieser Fluss von Vorwürfen und Hoffnungen, Verzweiflung und Entzücken stürzt sich immer wieder mit derselben Gewalt über uns hin, und wir haben keine Kraft, ihn aufzuhalten. Immer wieder kommen dieselben Fragen heran, dieselben Anklagen, dieselben Versprechungen. Und es sind die gewöhnlichen Fragen und Anklagen und Versprechungen der Liebe, die zu lesen wir so oft überdrüssig geworden sind. Aber hier wächst ihnen, wenn sie auftreten, eine Bedeutung zu, die wir ihnen noch nicht zu geben vermochten.

Wir ahnten es zwar, doch ist es uns niemals vielleicht so deutlich aufgezeigt worden, dass das Wesen der Liebe nicht im Gemeinsamen läge, sondern darin, dass einer den andern zwingt, etwas zu werden, unendlich viel zu werden, das Äußerste zu werden, wozu seine Kräfte reichen. Die Briefe der Verlassenen beweisen, dass der Graf von Chamilly sich diesem Zwange fast ganz zu entziehen gewusst hat, wenn man nicht annimmt, dass er sich schon damals überanstrengte, als er, ein paar Monate lang, der Liebende dieser Seligen war, die die Liebe so ernst nahm.

Damals stellte er, eitel und selbstsüchtig, ein paar Anforderungen an ihr Gefühl, die sie so glänzend erfüllte und mit so viel Genie übertraf, dass er sich erschrocken zurückzog. Sein Fortgehn war für sie das Unbegreifliche, aber es bestimmte sie zu ihrer Aufgabe.

Alleingelassen, nahm ihre Natur es auf sich, alle die Ansprüche nachzuholen und zu erfüllen, die der Geliebte, in seiner Oberflächlichkeit und Eile, vergessen hatte. Und fast möchte man sagen, dass Einsamkeit nötig war, um aus dieser hastig und nachlässig begonnenen Liebe etwas so Vollkommenes zu machen.

Diese Seele, die fähig war, ein Glück so groß zu empfinden, kann nicht mehr unter das Unermessliche herabsinken. Ihr Schmerz wird ungeheuer; aber ihre Liebe wächst noch über ihn hinaus: Sie ist nicht mehr zu halten. Und schließlich schreibt Marianna dem Geliebten von ihr: „Sie hängt nicht mehr davon ab, wie du mich behandelst." Sie hat alle Proben bestanden.

Mit diesen Briefen des siebzehnten Jahrhunderts ist uns eine Liebe von unvergleichlicher Arbeit erhalten. Wie in einer alten Spitze laufen in ihnen die Fäden von Schmerz und Einsamkeit auf unbegreifliche Weise zusammen, um Blumen zu bilden, eine Bahn verwirrender Blumen.

Was sind diese Briefe nun auch uns in die Hände gekommen? Sollten wir daran erinnert werden, dass es das Äußerste ist, wozu ein Frauenleben führen kann: dass es mit der seligen Unaufhaltsamkeit seiner entschlossenen Gefühle über die hinauswachse, die die schwere Liebe so langsam lernen, dass sie (immer noch) nur die Wahl haben, Anfänger zu sein oder Dilettanten?

PORT. BRIEFE

Gib mir noch eine kleine Weile Zeit:
Ich will die Dinge so wie keiner lieben,
bis sie dir alle würdig sind und weit.

Ich will nur sieben Tage, sieben,
auf die sich keiner noch geschrieben,
sieben Seiten Einsamkeit.

Wem du das Buch gibst, welches sie umfasst,
der wird gebückt über den Blättern bleiben.
Es sei denn, dass du ihn in Händen hast,
um selbst zu schreiben.

STUNDENBUCH

In diesen Jahren gingen in ihm die großen Veränderungen vor. Er vergaß Gott beinah über der harten Arbeit, sich ihm zu nähern, und alles, was er mit der Zeit vielleicht bei ihm zu erreichen hoffte, war „sa patience de supporter une âme". Die Zufälle des Schicksals, auf die die Menschen halten, waren schon längst von ihm abgefallen, aber nun verlor, selbst was an Lust und Schmerz notwendig war, den gewürzhaften Beigeschmack und wurde rein und nahrhaft für ihn. Aus den Wurzeln seines Seins entwickelte sich die feste, überwinternde Pflanze einer fruchtbaren Freudigkeit Er ging ganz darin auf zu bewältigen, was sein Binnenleben ausmachte, er wollte nichts überspringen, denn er zweifelte nicht, dass in alledem seine Liebe war und zunahm.

Ja, seine innere Fassung ging so weit, dass er beschloss, das Wichtigste von dem, was er früher nicht hatte leisten können, was einfach nur durchwartet worden war, nachzuholen. Er dachte vor allem an die Kindheit, sie kam ihm, je ruhiger er sich besann, desto ungetaner vor; alle ihre Erinnerungen hatten das Vage von Ahnungen an sich, und dass sie als vergangen galten, machte sie nahezu zukünftig. Dies alles noch einmal und nun wirklich auf sich zu nehmen, war der Grund, weshalb der Entfremdete heimkehrte. Wir wissen nicht, ob er blieb; wir wissen nur, dass er wiederkam.

Die die Geschichte erzählt haben, versuchen es an dieser Stelle, uns an das Haus zu erinnern, wie es war; denn dort ist nur wenig Zeit vergangen, ein wenig gezählter Zeit; alle im Haus können sagen, wie viel […] Gesichter erscheinen an den Fenstern, gealterte und erwachsene Gesichter von rührender Ähnlichkeit. Und in einem ganz alten schlägt ganz plötzlich blass das Erkennen durch. Das Erkennen? Wirklich nur das Erkennen? – Das Verzeihen. Das Verzeihen wovon? – Die Liebe. Mein Gott: die Liebe.

Er, der Erkannte, er hatte daran nicht mehr gedacht, beschäftigt wie er war: dass sie noch sein könne. Es ist begreiflich, dass von allem, was nun geschah, nur noch dies überliefert ward: seine Gebärde, die unerhörte Gebärde, die man nie vorher gesehen hatte; die Gebärde des Flehens, mit der er sich an ihre Füße warf, sie beschwörend, dass sie nicht liebten. Erschrocken und schwankend hoben sie ihn zu sich herauf. Sie legten sein Ungestüm nach ihrer Weise aus, indem sie verziehen. Es muss für ihn unbeschreiblich befreiend gewesen sein, dass ihn alle missverstanden, trotz der verzweifelten Eindeutigkeit seiner Haltung. Wahrscheinlich konnte er bleiben. Denn er erkannte von Tag zu Tag mehr, dass die Liebe ihn nicht betraf, auf die sie so eitel waren und zu der sie einander heimlich ermunterten. Fast musste er lächeln, wenn sie sich anstrengten, und es wurde klar, wie wenig sie ihn meinen konnten.

Was wussten sie, wer er war? Er war jetzt furchtbar schwer zu lieben, und er fühlte, dass nur Einer dazu imstande sei. Der aber wollte noch nicht.

MALTE

3

„Im Dunkel der Schwere hat unser Lächeln einen Sinn“ ...

Denken Sie: *Ist die Kindheit nicht schwer* in all ihrem unerklärten Zusammenhang? Sind die Mädchenjahre nicht schwer, – ziehen sie nicht wie langes schweres Haar das Haupt in die Tiefe großer Traurigkeit? Und es soll nicht anders werden; wenn für viele das Leben dann auf einmal leichter wird, leichtsinniger und froher, so ist es nur, weil sie aufgehört haben, es ernst zu nehmen, es in Wirklichkeit zu tragen und mit ihrem eigensten Wesen zu fühlen und zu erfüllen.

Das ist kein Fortschritt im Sinne des Lebens. Das ist eine Absage aller seiner Weiten und Möglichkeiten. Was von uns verlangt wird, ist, dass wir das *Schwere* lieben und mit dem Schweren umgehen lernen.

Im Schweren sind die freundlichen Kräfte, die Hände, die an uns arbeiten. Mitten im Schweren sollen wir unsere Freuden haben, unser Glück, unsere Träume: Da, vor der Tiefe dieses Hintergrunds, heben sie sich ab, da sehen wir erst, wie schön sie sind.

Und nur im Dunkel der Schwere hat unser kostbares Lächeln einen Sinn; da leuchtet es erst mit seinem tiefen, träumenden Licht, und in der Helligkeit, die es für einen Augenblick verbreitet, sehen wir Wunder und Schätze, von denen wir umgeben sind.

Briefe, 1904

Du Dunkelheit, aus der ich stamme,
ich liebe dich mehr als die Flamme,
welche die Welt begrenzt,
indem sie glänzt
für irgendeinen Kreis,
aus dem heraus kein Wesen von ihr weiß.

Aber die Dunkelheit hält alles an sich:
Gestalten und Flammen, Tiere und mich,
wie sie's erschafft,
Menschen und Mächte –

Und es kann sein: eine große Kraft
rührt sich in meiner Nachbarschaft.

Ich glaube an Nächte.

STUNDENBUCH

Ausgesetzt auf den Bergen des Herzens.
Siehe, wie klein dort, siehe:
die letzte Ortschaft der Worte,
und höher, aber wie klein auch,
noch ein letztes Gehöft von Gefühl.
Erkennst du's?
Ausgesetzt auf den Bergen des Herzens.
Steingrund unter den Händen.
Hier blüht wohl einiges auf; aus stummem
Absturz blüht ein unwissendes Kraut singend
hervor. Aber der Wissende?
Ach, der zu wissen begann und schweigt nun,
ausgesetzt auf den Bergen des Herzens.
Da geht wohl, heilen Bewusstseins,
manches umher, manches gesicherte Bergtier,
wechselt und weilt.
Und der große geborgene Vogel
kreist um der Gipfel reine Verweigerung –
aber ungeborgen, hier auf den Bergen
des Herzens.

SW

M*ein* Gott, *mein* Gott, *wenn mir* noch solche Nächte bevorstehen, lass mir doch wenigstens einen von den Gedanken, die ich zuweilen denken konnte. Es ist nicht so unvernünftig, was ich da verlange; denn ich weiß, dass sie gerade aus der Furcht gekommen sind, weil meine Furcht so groß war. Da ich ein Knabe war, schlugen sie mich ins Gesicht und sagten mir, dass ich feige sei. Das war, weil ich mich noch schlecht fürchtete. Aber seitdem habe ich mich fürchten gelernt mit der Wirklichen Furcht, die nur zunimmt, wenn die Kraft zunimmt, die sie erzeugt. Wir haben keine Vorstellung von dieser Kraft, außer in unserer Furcht. Denn so ganz unbegreiflich ist sie, so völlig gegen uns, dass unser Gehirn sich zersetzt an der Stelle, wo wir uns anstrengen, sie zu denken. Und dennoch, seit einer Weile glaube ich, dass es *unsere* Kraft ist, alle unsere Kraft, die noch zu stark ist für uns.

Es ist wahr, wir kennen sie nicht, aber ist es nicht gerade unser Eigenstes, wovon wir am wenigsten wissen? Manchmal denke ich mir, wie der Himmel entstanden ist und der Tod: dadurch dass wir unser Kostbarstes von uns fortgerückt haben, weil noch so viel anderes zu tun war vorher und weil es bei uns Beschäftigten nicht in Sicherheit war. Nun sind Zeiten darüber vergangen, und wir haben uns an Geringeres gewöhnt. Wir erkennen unser Eigentum nicht mehr und entsetzen uns vor seiner äußersten Großheit. Kann das nicht sein?

MALTE

Diese ersten Novembertage sind für mich immer katholische Tage. Der zweite Novembertag ist der Tag von Allerseelen, den ich bis zu meinem 16. oder 17. Jahr immer, wo ich auch grade gewohnt haben mag, auf Kirchhöfen verbrachte, an fremden Gräbern, oft und oft an den Gräbern von Verwandten und Vorfahren, an Gräbern, die ich mir nicht erklären konnte und über die ich nachdenken musste in den wachsenden Winternächten.

Damals kam mir wohl zuerst der Gedanke, dass jede Stunde, die wir leben, eine Sterbestunde ist für irgendwen und dass es wohl sogar mehr Sterbestunden als Stunden der Lebendigen gibt. Der Tod hat ein Zifferblatt mit unendlich viel Zahlen.

BRIEFE, 1901

Dies sei das höchste Ziel des Erdenlebens,
Winkt einst nach Müh’ und Plag’ die Ruhe Dir,
Zu sagen: „Ja, ich lebte nicht vergebens
Und was ich schuf, das endet nicht mit mir.“ –

Du brauchst ja große Werke nicht zu üben,
Wenn Du nur stets das Beste angestrebt!
Lebst Du dann fort im Herzen Deiner Lieben,
Dann hast Du wahrlich nicht umsonst gelebt!

SW

Seitdem habe ich viel über die Todesfurcht nachgedacht, nicht ohne gewisse eigene Erfahrungen dabei zu berücksichtigen. Ich glaube, ich kann wohl sagen, ich habe sie gefühlt. Sie überfiel mich in der vollen Stadt, mitten unter den Leuten, oft ganz ohne Grund […]

Aber ich fürchtete mich auch … zum Beispiel, als mein Hund starb. Derselbe, der mich ein für alle Mal beschuldigte. Er war sehr krank. Ich kniete bei ihm schon den ganzen Tag, da plötzlich bellte er auf, ruckweise und kurz, wie er zu tun pflegte, wenn ein Fremder ins Zimmer trat. Ein solches Bellen war für diesen Fall zwischen uns gleichsam verabredet worden, und ich sah unwillkürlich nach der Tür. Aber es war schon in ihm. Beunruhigt suchte ich seinen Blick, und auch er suchte den meinen, aber nicht, um Abschied zu nehmen. Er sah mich hart und befremdet an. Er warf mir vor, dass ich es hereingelassen hatte. Er war überzeugt, ich hätte es hindern können.

Nun zeigte es sich, dass er mich immer überschätzt hatte. Und es war keine Zeit mehr, ihn aufzuklären. Er sah mich befremdet und einsam an, bis es zu Ende war.

MALTE

Der Ölbaum-Garten

Er ging hinauf unter dem grauen Laub
ganz grau und aufgelöst im Ölgelände
und legte seine Stirne voller Staub
tief in das Staubigsein der heißen Hände.

Nach allem dies. Und dieses war der Schluss.
Jetzt soll ich gehen, während ich erblinde,
und warum willst Du, dass ich sagen muss,
Du seist, wenn ich Dich selber nicht mehr finde?

Ich finde Dich nicht mehr. Nicht in mir, nein.
Nicht in den andern. Nicht in diesem Stein.
Ich finde Dich nicht mehr. Ich bin allein.

Ich bin allein mit aller Menschen Gram,
den ich durch Dich zu lindern unternahm,
der Du nicht bist. O namenlose Scham …

Später erzählte man: Ein Engel kam –.
Warum ein Engel? Ach es kam die Nacht
und blätterte gleichgültig in den Bäumen.
Die Jünger rührten sich in ihren Träumen.
Warum ein Engel? Ach, es kam die Nacht.

Die Nacht, die kam, war keine ungemeine;
so gehen Hunderte vorbei.
Da schlafen Hunde und da liegen Steine.
Ach, eine traurige, ach, irgendeine,
die wartet, bis es wieder Morgen sei.

Denn Engel kommen nicht zu solchen Betern,
und Nächte werden nicht um solche groß.
Die Sich-Verlierenden lässt alles los,
und sie sind preisgegeben von den Vätern
und ausgeschlossen aus der Mütter Schoß.

NEUE GEDICHTE

G*ott spricht zu jedem nur*, eh er ihn macht,
dann geht er schweigend mit ihm aus der Nacht.
Aber die Worte, eh jeder beginnt,
diese wolkigen Worte, sind:

Von deinen Sinnen hinausgesandt,
geh bis an deiner Sehnsucht Rand;
gib mir Gewand.

Hinter den Dingen wachse als Brand,
dass ihre Schatten, ausgespannt,
immer mich ganz bedecken.

Lass dir Alles geschehn:
Schönheit und Schrecken.

Man muss nur gehn:
Kein Gefühl ist das fernste.
Lass dich von mir nicht trennen.

Nah ist das Land,
das sie das Leben nennen.
Du wirst es erkennen
an seinem Ernste.

Gib mir die Hand.

STUNDENBUCH

Wer ernst hinsieht, findet, dass, wie für den Tod, der schwer ist, auch für die schwere Liebe noch keine Aufklärung, keine Lösung, weder Wink noch Weg erkannt worden ist [...] Aber in demselben Maße, in dem wir beginnen, als Einzelne das Leben zu versuchen, werden diese großen Dinge uns, den Einzelnen, in größerer Nähe begegnen. Die Ansprüche, welche die schwere Arbeit der Liebe an unsere Entwicklung stellt, sind überlebensgroß, und wir sind ihnen, als Anfänger, nicht gewachsen.

Wenn wir aber doch aushalten und diese Liebe auf uns nehmen als Last und Lehrzeit, statt uns zu verlieren an all das leichte und leichtsinnige Spiel, hinter dem die Menschen sich vor dem ernstesten Ernst ihres Daseins verborgen haben, – so wird ein kleiner Fortschritt und eine Erleichterung denen, die lange nach uns kommen, vielleicht fühlbar sein; das wäre viel.

Briefe, 1904

Der Engel

Mit einem Neigen seiner Stirne weist
er weit von sich, was einschränkt und
verpflichtet;

denn durch sein Herz geht riesig aufgerichtet
das ewig Kommende, das kreist.

Die tiefen Himmel stehn ihm voll Gestalten,
und jede kann ihm rufen: Komm, erkenn –.
Gieb seinen leichten Händen nichts zu halten
aus deinem Lastenden. Sie kämen denn

bei Nacht zu dir, dich ringender zu prüfen,
und gingen wie Erzürnte durch das Haus
und griffen dich, als ob sie dich erschüfen,
und brächen dich aus deiner Form heraus.

Neue Gedichte

Wie der Wächter in den Weingeländen
seine Hütte hat und wacht,
bin ich Hütte, Herr, in deinen Händen
und bin Nacht, o Herr, von deiner Nacht.

Weinberg, Weide, alter Apfelgarten,
Acker, der kein Frühjahr überschlägt,
Feigenbaum, der auch im marmorharten
Grunde hundert Früchte trägt.

Duft geht aus aus deinen runden Zweigen.
Und du fragst nicht, ob ich wachsam sei;
furchtlos, aufgelöst in Säften, steigen
deine Tiefen still an mir vorbei.

SW

Die Kinder

Das war ein Mann inmitten einer Kinderschar.
Schlicht um die Schultern lag ihm der Talar,
und heimathell war ihm das Heilandshaar.
Und wie um einen frühen Frühlingstag
sich, jäh erwacht, die Blüten staunend scharen,
so kamen Kinder zu dem Wunderbaren,
den keiner von den Alten nennen mag.
Die Kinder aber kennen ihn schon lang
und drängen in das offne Tor der Arme –
ein blasses betet: Du bist das „Erbarme“,
nach dem die Mutter ihre Hände rang.
Und leise flüstert ihm das wangenwarme:
„Nichtwahr, du wohnst im Sonnenuntergang,
dort wo die Berge groß und golden sind.
Dir winkt der Wipfel und dir singt der Wind,
und guten Kindern kommst du in die Träume.“
Da neigen alle sich wie Birkenbäume.
Es neigen sich die Blonden und die Braunen
vor seinem Lächeln, und die Alten staunen.

Und Kinder flüchten sich von allen Seiten
in seinen Segen heim wie in ein Haus,
und lauschen alle. Seine Worte breiten
weit über sie die weißen Flügel aus:

„Hat einmal eins von euch schon nachgedacht,
wie eilig euch die leisen Stunden führen
an jedem Tage und in jeder Nacht
durch tausend Tore und durch tausend Türen.
Noch gehn die Angeln alle leicht und leise
und alle Pforten fallen scheu ins Schloss;
noch bin ich Warner euch und Weggenoss,
doch weit aus meinen Reichen reift die Reise.
Ihr wollt ins Leben, und das bin ich nicht,
ihr müsst ins Dunkel, und ich bin das Licht,
ihr hofft die Freude, ich bin der Verzicht,
ihr sehnt das Glück und – ich bin das Gericht."
Er schwieg. Von ferne horchten auch die Großen.
Dann seufzte er: „Ihr müsst mich nicht verstoßen,
wenn wir zusammen an den Marken stehn.
Mich mitzunehmen seid ihr dann zu jung;

doch schaut ihr mal zurück von euren Fahrten
vielleicht in einen armen Blumengarten,
vielleicht ins Mutterlächeln einer zarten
versehnten Frau, vielleicht in ein Erwarten:
Ich bin die Kindheit, die Erinnerung.
Gebt mir die Hand, schenkt mir (im) Weitergehn
noch einen Blick, der schon ins Leben tauchte,
aus dem der neue und noch nie gebrauchte
Gott seine Hände euch entgegenhält.
Ihr dürft hinaus. Es wartet eine Welt."

SW

Was in Malte Laurids Brigge ausgesprochen eingelitten steht, das ist ja eigentlich nur *dies*, mit allen Mitteln und immer wieder von vorn und an allen Beweisen dies: *Dies*, wie ist es möglich zu leben, wenn doch die Elemente dieses Lebens uns völlig unfasslich sind? Wenn wir immerfort im Lieben unzulänglich, im Entschließen unsicher und dem Tode gegenüber unfähig sind, wie ist es möglich, da zu sein? Ich bin nicht durchgekommen, in diesem unter der tiefsten inneren Verpflichtung geleisteten Buch, mein ganzes Staunen auszuschreiben darüber, dass die Menschen seit Jahrtausenden mit Leben umgehen (von Gott gar nicht zu reden) und dabei diesen ersten unmittelbarsten, ja genau genommen einzigen Aufgaben: (denn was haben wir anderes zu tun, noch heute und wie lange noch?) so neulinghaft ratlos, so zwischen Schrecken und Ausrede, so armselig gegenüberstehen. Ist das nicht unbegreiflich? Meine Verwunderung über diese Tatsache drängt mich, so oft ich mich ihr überlasse, zunächst in die größte Bestürzung hinein und weiter in eine Art Grauen; aber auch hinter dem Grauen ist etwas Nächstes und Übernächstes, etwas so Intensives, dass ich mit dem Gefühl nicht zu entscheiden vermöchte, ob es glühend oder eisig sei.

Ich habe schon einmal, vor Jahren, über den Malte jemandem, den dieses Buch erschreckt hatte, zu schreiben versucht, dass ich es selbst manchmal wie eine hohle Form, wie ein Negativ empfände, dessen alle Mulden und Vertiefungen Schmerz sind, Trostlosigkeiten und weheste Einsicht, der Ausguss davon aber, wenn es möglich wäre, einen herzustellen (wie bei einer Bronze die positive Figur, die man daraus gewönne), wäre vielleicht Glück, Zustimmung; – genaueste und sicherste Seligkeit.

BRIEFE, 1915

Man muss nie verzweifeln, wenn einem etwas verloren geht, ein Mensch oder eine Freude oder ein Glück; es kommt alles noch herrlicher wieder. Was abfallen muss, fällt ab; was zu uns gehört, bleibt bei uns, denn es geht alles nach Gesetzen vor sich, die größer als unsere Einsicht sind und mit denen wir nur scheinbar im Widerspruch stehen. Man muss in sich selber leben und an das ganze Leben denken, an alle seine Millionen Möglichkeiten, Weiten und Zukünfte, denen gegenüber es nichts Vergangenes und Verlorenes gibt.

BRIEFE, 1904

4

„Ich kreise um Gott, um den uralten Traum“ …

Mohammeds Berufung

Da aber, als in sein Versteck der Hohe,
sofort Erkennbare: der Engel, trat,
aufrecht, der lautere und lichterlohe:
Da tat er allen Anspruch ab und bat,

bleiben zu dürfen der von seinen Reisen
innen verwirrte Kaufmann, der er war;
er hatte nie gelesen – und nun gar
ein *solches Wort*, zu viel für einen Weisen.

Der Engel aber, herrisch, wies und wies
ihm, was geschrieben stand auf seinem Blatte,
und gab nicht nach und wollte wieder: *Lies*.

Da las er: so, dass sich der Engel bog.
Und war schon einer, der gelesen *hatte*
und konnte und gehorchte und vollzog.

NEUE GEDICHTE

Denn nur dem Einsamen wird offenbart,
und vielen Einsamen der gleichen Art
wird mehr gegeben als dem schmalen Einen.
Denn jedem wird ein andrer Gott erscheinen,
bis sie erkennen, nah am Weinen,
dass durch ihr meilenweites Meinen,
durch ihr Vernehmen und Verneinen,
verschieden nur in hundert Seinen
ein Gott wie eine Welle geht.

STUNDENBUCH

Es ist lächerlich. Ich sitze hier in meiner kleinen Stube, ich, Brigge, der achtundzwanzig Jahre alt geworden ist und von dem niemand weiß. Ich sitze hier und bin nichts. Und dennoch, dieses Nichts fängt an zu denken und denkt fünf Treppen hoch, an einem grauen Pariser Nachmittag diesen Gedanken:

Ist es möglich, denkt es, dass man noch nichts Wirkliches und Wichtiges gesehen, erkannt und gesagt hat? Ist es möglich, dass man Jahrtausende Zeit gehabt hat, zu schauen, nachzudenken und aufzuzeichnen, und dass man die Jahrtausende hat vergehen lassen wie eine Schulpause, in der man sein Butterbrot isst und einen Apfel?

Ja, es ist möglich.

Ist es möglich, dass man trotz Erfindungen und Fortschritten, trotz Kultur, Religion und Weltweisheit an der Oberfläche des Lebens geblieben ist? Ist es möglich, dass man sogar diese Oberfläche, die doch immerhin etwas gewesen wäre, mit einem unglaublich langweiligen Stoff überzogen hat, so dass sie aussieht wie die Salonmöbel in den Sommerferien?

Ja, es ist möglich.

Ist es möglich, dass die ganze Weltgeschichte missverstanden worden ist? Ist es möglich, dass die Vergangenheit falsch ist, weil man immer von ihren Massen gesprochen hat, gerade, als ob man von einem Zusammenlauf vieler Menschen erzählte, statt von dem Einen zu sagen, um den sie herumstanden, weil er fremd war und starb?

Ja, es ist möglich.

Ist es möglich, dass man glaubte, nachholen zu müssen, was sich ereignet hat, ehe man geboren war? Ist es möglich, dass man jeden Einzelnen erinnern müsste, er sei ja aus allen Früheren entstanden, wüsste es also und sollte sich nichts einreden lassen von den anderen, die anderes wüssten?

Ja, es ist möglich.

Ist es möglich, dass alle diese Menschen eine Vergangenheit, die nie gewesen ist, ganz genau kennen? Ist es möglich, dass alle Wirklichkeiten nichts sind für sie; dass ihr Leben abläuft mit nichts verknüpft, wie eine Uhr in einem leeren Zimmer –?

Ja, es ist möglich.

Ist es möglich, dass man von den Mädchen nichts weiß, die doch leben? Ist es möglich, dass man ‚die Frauen' sagt, ‚die Kinder', ‚die Knaben' und nicht ahnt (bei aller Bildung nicht ahnt), dass diese Worte längst keine Mehrzahl mehr haben, sondern nur unzählige Einzahlen?

Ja, es ist möglich.

Ist es möglich, dass es Leute gibt, welche Gott sagen und meinen, das wäre etwas Gemeinsames? – Und sieh nur zwei Schulkinder: Es kauft sich der eine ein Messer, und sein Nachbar kauft sich ein ganz gleiches am selben Tag. Und sie zeigen einander nach einer Woche die beiden Messer, und es ergibt sich, dass sie sich nur noch ganz entfernt ähnlich sehen, – so verschieden haben sie sich in verschiedenen Händen entwickelt (ja, sagt des einen Mutter dazu: Wenn ihr auch gleich immer alles abnutzen müsst –) Ach so: Ist es möglich, zu glauben, man könne einen Gott haben, ohne ihn zu gebrauchen?

Ja, es ist möglich.

Wenn aber dieses alles möglich ist, auch nur einen Schein von Möglichkeit hat, – dann muss ja, um alles in der Welt etwas geschehen. Der Nächstbeste, der, welcher diesen beunruhigenden Gedanken gehabt hat muss anfangen, etwas von dem Versäumten zu tun; wenn es auch nur irgendeiner ist, durchaus nicht der Geeignetste: Es ist eben kein anderer da. Dieser junge, belanglose Ausländer, Brigge, wird sich fünf Treppen hoch hinsetzen müssen und schreiben, Tag und Nacht: Ja, er wird schreiben müssen, das wird das Ende sein.

MALTE

Nachbar Gott, wenn ich Dich manches Mal
in langer Nacht mit hartem Klopfen störe, –
so ist's, weil ich Dich selten atmen höre
und weiß, Du bist allein im Saal.

Und wenn Du etwas brauchst, ist keiner da,
um Deinem Tasten einen Trank zu reichen.
Ich horche immer. Gieb ein kleines Zeichen:
Ich bin ganz nah.

Nur eine schmale Wand ist zwischen uns, –
durch Zufall; denn es könnte sein:
ein Rufen Deines oder meines Munds –
und sie bricht ein, ganz ohne Lärm und Laut.
Aus Deinen Bildern ist sie aufgebaut.

Und Deine Bilder stehn vor Dir, wie Namen.
Und wenn einmal das Licht in mir entbrennt
mit welchem meine Tiefe Dich erkennt,
vergeudet sich's, als Glanz, auf ihren Rahmen.
Und meine Sinne, welche schnell erlahmen,
sind ohne Heimat und von Dir getrennt.

SW

Absolut betrachtet, ohne Rücksichtnahme auf das minderwertige Gespräch, das die ganze Welt ausfüllt, scheint mir jetzt auch das trefflichste Gespräch wie eine Ausschweifung. Ich dachte es neulich, als ich mich hier am Abend verleiten ließ (noch dazu französisch), einiges Wichtige zu sagen, fühlte es nach den erschöpfenden Gesprächen mit Norlind am Anfang meines hiesigen Aufenthaltes. Welcher bittere Geschmack, welches Ausgabegefühl, welche Morgen-nach-einem-Gelage-Stimmung bleibt da zurück! Und wie schuldig fühlt man sich! Früher glaubte ich immer, es käme aus einem Bedauern, sich an nicht ganz Feine, Reife weggegeben zu haben; aber nein, es kommt einfach daher, dass Ausgeben Sünde ist, Musik ist, Hingabe ist. Im Grunde muss man sich vor seinen besten Worten zuschließen und in die Einsamkeit gehen. Denn das Wort muss Mensch werden. Das ist das Geheimnis der Welt.

BRIEFE, 1904

Herbst

Die Blätter fallen, fallen wie von weit,
als welkten in den Himmeln ferne Gärten;
sie fallen mit verneinender Gebärde.

Und in den Nächten fällt die schwere Erde
aus allen Sternen in die Einsamkeit.

Wir alle fallen. Diese Hand da fällt.
Und sieh dir andre an: Es ist in allen.

Und doch ist Einer, welcher dieses Fallen
unendlich sanft in seinen Händen hält.

BILDER

Ich liebe meines Wesens Dunkelstunden,
in welchen meine Sinne sich vertiefen;
in ihnen hab ich, wie in alten Briefen,
mein täglich Leben schon gelebt gefunden
in frommen Worten, sanft und überwunden.

Aus ihnen kommt mir Wissen: dass ich Raum
zu einem zweiten zeitlos-breiten Leben habe.

Und manchmal bin ich wie der Baum,
der, reif und rauschend, über einem Grabe,
Den Traum erfüllt, den der vergangne Knabe,
um den sich seine warmen Wurzeln drängen,
verlor in Traurigkeiten und Gesängen.

SW

Ich finde dich in allen diesen Dingen,
denen ich gut und wie ein Bruder bin;
als Samen sonnst du dich in den Geringen
und in den Großen gibst du groß dich hin.

Das ist das wundersame Spiel der Kräfte,
dass sie so dienend durch die Dinge gehn:
in Wurzeln wachsend, schwindend in die Schäfte
und in den Wipfeln wie ein Auferstehn.

STUNDENBUCH

Ich lerne sehen. Ich weiß nicht, woran es liegt, es geht alles tiefer in mich ein und bleibt nicht an der Stelle stehen, wo es sonst immer zu Ende war.

Ich habe ein Inneres, von dem ich nicht wusste. Alles geht jetzt dorthin. Ich weiß nicht, was dort geschieht.

MALTE

Ich lebe mein Leben in wachsenden Ringen,
die sich über die Dinge ziehn.
Ich werde den letzten vielleicht nicht
vollbringen,
aber versuchen will ich ihn.

Ich kreise um Gott, um den uralten Turm,
und ich kreise jahrtausendelang;
und ich weiß noch nicht: Bin ich ein Falke,
ein Sturm
oder – ein großer Gesang.

STUNDENBUCH

Textquellen

Rainer Maria Rilke, *Sämtliche Werke*, herausgegeben vom Rilke-Archiv in Weimar. In Verbindung mit Ruth Sieber-Rilke, besorgt durch Ernst Zinn. Ausgabe in 6 Bänden; Band II, Insel Verlag, Wiesbaden 1955; Band II, Insel Verlag, Wiesbaden 1957; Band III, Insel Verlag, Frankfurt a. M. 1959; Band IV, Insel Verlag, Frankfurt a. M 1961; Band V, Insel Verlag, Frankfurt a. M. 1965; Band VI, Insel Verlag, Frankfurt a. M. 1966. – Taschenbuchausgabe in 6 Bänden (it 1101 – 1106; Insel Verlag, Frankfurt a. M. 1987 (= SW).

Briefe, herausgegeben vom Rilke-Archiv in Weimar. In Verbindung mit Ruth Sieber-Rilke, besorgt durch Karl Altheim. 3 Bände, Insel Verlag, Frankfurt a. M. [3]1980; Nachdruck als insel taschenbuch in 3 Bänden; Insel Verlag, Frankfurt a. M. 1987 (= BRIEFE).

Das Stundenbuch (Erster Druck 1905), in: Werke I, it 1101 (= STUNDENBUCH).

Das Buch der Bilder (Erster Druck 1902), in: Werke I, it 1101 (= BILDER).

Neue Gedichte (Erster Druck 1907), in: Werke I, it 1101 (= NEUE GEDICHTE).

Worpswede (Erster Druck 1902), in: Werke V, it 1105. (= WORPSWEDE)

Fragment von den Einsamen (Erster Druck 1903), in: Werke V, it 1105 (= FRAGMENT).

Die Aufzeichnungen des Malte Laurids Brigge (Erster Druck 1910), in: Werke VI, it 1106 (= MALTE).

Briefe an einen jungen Dichter (Erster Druck 1913), in: Werke VI, ib 406 (= DICHTER).

Portugiesische Briefe. Die Briefe der Marianna Alcoforado, übertragen und mit einem Schlusswort versehen von Rainer Maria Rilke, ib 74 (= PORT. BRIEFE).